DEUTSCHE AKADEMIE DER WISSENSCHAFTEN ZU BERLIN

VORTRÄGE UND SCHRIFTEN

HEFT 63

EINIGE FRAGEN DER ÖKONOMISCHEN ENTWICKLUNG IM LICHTE DER GROSSEN SOZIALISTISCHEN OKTOBERREVOLUTION

von

Fritz Behrens

AKADEMIE-VERLAG · BERLIN

1958

Vortrag, gehalten auf der Festveranstaltung
des Instituts für Wirtschaftswissenschaften
der Deutschen Akademie der Wissenschaften zu Berlin
am 5. November 1957

Zum Druck angenommen für die Vorträge und Schriften
von der Klasse für Philosophie, Geschichte, Staats-, Rechts- und
Wirtschaftswissenschaften am 6. 2. 1958

Erschienen im Akademie-Verlag GmbH, Berlin W 8, Mohrenstraße 39
Lizenz-Nr. 202 · 100/41/58
Herstellung: IV/2/14 · VEB Werkdruck Gräfenhainichen · 951
Bestell- und Verlags-Nr. 2003/63
Preis DM 1,40
Printed in Germany
ES 5 B 2

Akademiemitglied Professor Dr. Fritz Behrens

Einige Fragen der ökonomischen Entwicklung im Lichte der Großen Sozialistischen Oktoberrevolution

Nicht nur die Werktätigen der Sowjetunion und der Länder der Volksdemokratie, auch die Werktätigen der kapitalistischen Länder haben die Feierlichkeiten anläßlich des 40. Jahrestages der Großen Sozialistischen Oktoberrevolution mit großer Begeisterung vorbereitet.

Das ist ebenso verständlich, wie die Depressionen verständlich sind, die dieser Feiertag den Imperialisten und ihren Ideologen bereitet. Diese sehen sich nicht nur den großen gesellschaftlichen Veränderungen gegenüber, die die Begeisterung der Werktätigen auslösen und die sich unter Führung der siegreichen Partei Lenins in der – historisch gesehen – kurzen Periode von 40 Jahren vollzogen haben, sondern auch den – mit diesen gesellschaftlichen Veränderungen in engstem Zusammenhang stehenden – gewaltigen Fortschritten in Technik und Wissenschaft, Fortschritten, die – wie man, ohne billiger Effekthascherei beschuldigt zu werden, behaupten kann – in den beiden unsere Erde umkreisenden Trabanten ihren besten Ausdruck finden. Die beiden Sputniks haben mehr als symbolische Bedeutung, weil sie die siegreichen Ideen des Roten Oktober zum Ausdruck bringen, die die Herrschaft der Menschen über die Gesetze der Natur mit ihrer Herrschaft über die Gesetze der Gesellschaft verbinden, und weil sie zeigen, wozu die Werktätigen fähig sind, wenn sie, unter der Führung einer wahrhaft revolutionären Partei vereint und von der Idee des Sozialismus angespornt, ihre ganze Kraft der Festigung und Entwicklung ihres eigenen Staates, dem in der Revolution geborenen Staat der Arbeiter und Bauern widmen.

Der Sieg der Revolution führte in der Sowjetunion zur Errichtung der Diktatur des Proletariats und schuf damit die Voraussetzungen für den Aufbau eines sozialistischen Wirtschaftssystems, das heute bereits zu einem Weltsystem geworden ist. Nach der Zerschlagung des deutschen Faschismus und des japanischen Militarismus als Ergebnis des zweiten Weltkrieges entstanden und entwickelten sich neben der UdSSR andere sozialistische Staaten, in denen der sozialistische Aufbau voranschreitet.

„Heute gehen", wie es in den Thesen des ZK der KPdSU zum 40. Jahrestag der Großen Sozialistischen Oktoberrevolution heißt, „das große chinesische Volk, die Werktätigen einer Reihe Länder Europas und Asiens den durch die Oktoberrevolution gebahnten Weg. Der Sieg der sozialistischen Revolution in China und in anderen Ländern der Volksdemokratie ist ein äußerst bedeutendes Ereignis der Weltgeschichte nach dem Oktober im Jahre 1917. Wenn bis zum zweiten Weltkrieg auf das sozialistische System 17% des Territoriums der Erde, etwa 9% der Bevölkerung und etwa $^1/_{10}$ der industriellen Weltproduktion entfielen, so nehmen die sozialistischen Länder gegenwärtig schon 26% des Territoriums unseres Planeten ein. Auf diesem Territorium leben etwa 35% der Bevölkerung des Erdballs und wird etwa $^1/_3$ der industriellen Weltproduktion erzeugt."

Das ist ein Aufstieg, der nicht nur für die Wachstumsenergie und Lebenskraft des jungen sozialistischen Systems spricht, das ist ein Aufstieg, der auch zeigt, wie wahr die Prognosen waren, die vor mehr als hundert Jahren MARX und ENGELS der Entwicklung des kapitalistischen Systems stellten. Was ist aus den „Theorien" geworden, wie sie zu Beginn des sozialistischen Aufbaus in der Sowjetunion von bürgerlichen Ökonomen aufgestellt wurden, wie z. B. von LUDWIG VON MISES, der nachweisen wollte, daß der Sozialismus wirtschaftlich überhaupt unmöglich sei, oder von JOSEPH SCHUMPETER, der beweisen wollte, daß der Sozialismus hinsichtlich der Produktivität dem Kapitalismus unterlegen sei? Was ist aus den „Theorien" geworden, die z. B. von MAX WEBER, F. A. HAYEK und vielen anderen aufgestellt wurden, um nachzuweisen, daß die sozialistische Planwirtschaft keine exakte Wirtschaftsrechnung verwirklichen könne und daß sie daher scheitern müsse? Alle diese „Theorien" wurden durch das Leben selbst widerlegt, wurden widerlegt durch die von der Revolution befreite und vervielfachte schöpferische Kraft der werktätigen Massen, die unter der Führung der revolutionären Partei der Arbeiterklasse alle Schwierigkeiten des sozialistischen Aufbaus überwanden und die Probleme lösten, die den verschiedenen Kritikern des Sozialismus angeblich soviel Sorgen bereiteten. Heute, nach nur vier Jahrzehnten, leben wir bereits in der Periode, wo das Überholen des am höchsten entwickelten kapitalistischen Landes, der USA, durch die UdSSR auf allen Gebieten auf der Tagesordnung und unmittelbar bevorsteht. Ich sage: das Überholen des am höchsten entwickelten kapitalistischen Landes auf allen Gebieten; denn die UdSSR hat die USA auf wichtigen Gebieten bereits eingeholt und auf einigen entscheidenden Gebieten schon weit überholt, und zwar nicht nur auf dem Gebiet der Ausbildung technisch-wissenschaftlicher Kader, wie die Fachleute der kapitalistischen Länder in großer Besorgnis nicht umhin können, selbst zuzugeben. Die UdSSR hat die europäischen kapitalistischen Länder bereits zum Teil weit hinter sich gelassen. Wenn wir die Frage der Überlegenheit des Sozialismus über den Kapitalismus diskutieren, dann tun wir das nicht mehr deshalb, um die Überlegenheit des Sozialismus erst nachzuweisen, dieser Nachweis ist durch die Geschichte selbst geführt worden, sondern um den Grad, das Ausmaß der Überlegenheit uns bewußt zu machen und aus der Analyse der Ursachen der Überlegenheit des Sozialismus noch stärkere Triebkräfte für seine weitere Entwicklung zu erkennen.

Es ist für alle Feinde des Sozialismus völlig unfaßbar, daß sich die Überlegenheit der sozialistischen Wirtschaft sehr einfach daraus erklärt, daß in der langen Geschichte der Menschheit die Werktätigen zum ersten Male nicht mehr für Ausbeuter, sondern nur noch für sich selber arbeiten. Die Arbeit der Werktätigen trägt im Sozialismus jetzt nicht nur immer reichere Früchte in Gestalt mächtiger industrieller Neubauten und gewaltiger neukultivierter Landstrecken, im Sozialismus wird auch das wichtigste, ja eigentliche Ziel der Produktion erreicht: den Konsum der breiten Massen des Volkes planmäßig und rasch zu vergrößern. Der Sozialismus gewährleistet eine stetige Hebung des materiellen und kulturellen Niveaus der breiten Massen des Volkes, des Volkswohlstandes. – Das ist der Grund seiner Anziehungskraft für die Werktätigen aller Länder.

Es ist schwer, die Ergebnisse der Veränderungen des materiellen und kulturellen Niveaus, die in der Sowjetunion vor sich gingen, in Zahlen zu fassen, wenn man daran denkt, wie wahrhaft revolutionär sich die Lebensweise der Werktätigen in der UdSSR seit der Großen Sozialistischen Oktoberrevolution umgestaltete. Es genügt bei der Betrachtung des Reallohnes in der Sowjetunion bei weitem nicht, die Bewegung der Löhne und der Preise für Konsumgüter in ihrer Relation zu untersuchen. Man muß zu den Bareinkünften den Aufwand des Staates für Renten, Unterstützungen, für kostenlosen Unterricht, für unentgeltliche medizinische Betreuung, und was er sonst noch an Vergünstigungen und Leistungen bietet, hinzunehmen. Diese Vergünstigungen und Leistungen beliefen sich im Jahre 1956 auf 169 Milliarden Rubel, während es im Jahre 1913 so gut wie keine Lohnzusätze gab. Dafür mußten die Arbeiter vor der Revolution für Miete und Kommunalgebühren im Durchschnitt über 20% bis zu $^1/_3$ ihres Einkommens hingeben, während diese Ausgaben heute nur noch 4 bis 5% ausmachen. Im Sammelband, den die Staatliche Zentralverwaltung für Statistik beim Ministerrat der UdSSR unter dem Titel „Die Errungenschaften der Sowjetmacht während 40 Jahre in Zahlen" herausgab, wird angeführt, daß der Reallohn in der Sowjetunion von 1913 bis 1956 unter Berücksichtigung der Beseitigung der Arbeitslosigkeit und der Verkürzung der Arbeitszeit auf das 4,8-fache gestiegen ist, das heißt, daß der Arbeiter 1913 für ein gleiches Quantum Gebrauchsgüter und Dienstleistungen rd. fünfmal so lange arbeiten mußte wie heute. Die Realeinkünfte der Bauernschaft haben sich in der gleichen Zeit je Arbeitskraft ungefähr versechsfacht.

Die Überlegenheit des Sozialismus über den Kapitalismus ergibt sich aus den neuen Beziehungen der Menschen in der Produktion ihres materiellen Lebensunterhaltes nach der Großen Sozialistischen Oktoberrevolution, die Triebkräfte der ökonomischen Entwicklung weckten und freimachten, wie sie der Kapitalismus nicht kennt. Unter der Führung der KPdSU und durch die organisierende Tätigkeit der revolutionären Staatsmacht vollbrachten und vollbringen die von der Ausbeutung befreiten schöpferischen Kräfte der Werktätigen wahrhafte Wunder, die alle Prognosen kapitalistischer „Fachleute" immer erneut über den Haufen stoßen. Das ist auch die Ursache, weshalb der Kampf zwischen Sozialismus und Kapitalismus im ökonomischen Wettbewerb beider Systeme in historisch kurzer Zeit zugunsten des Sozialismus entschieden werden wird, aber das ist auch der Grund für die Schwierigkeit, eine Prognose der Entwicklung des Sozialismus in der Welt als nur quantitative Analyse zu geben.

Die Perspektiven der Entwicklung des kapitalistischen Systems zeigen sich heute ganz klar. Dieses System, das einst im Vergleich mit vorangegangenen Systemen fortschrittlich war, jetzt aber schon längst seine Blütezeit überschritten hat, befindet sich im Absteigen und geht unaufhaltsam seinem Ende entgegen. Darüber können auch nicht gewisse Erfolge, insbesondere der USA und der westdeutschen kapitalistischen Wirtschaft, im gegenwärtig bereits seinem Ende entgegengehenden Stadium der Hochkonjunktur hinwegtäuschen. Im Gegensatz dazu geht das sozialistische System den Weg des Aufschwungs unaufhaltsam weiter. Wir verfügen heute bereits über die erforderliche historische Erfahrung, um mit Sicherheit auf Grund der zurückgelegten 40 Jahre sozialistischer Entwicklung die weitere ökonomische Entwicklung beider Wirtschaftssysteme vorauszeichnen zu können. Aus diesem Grund sollen einige Fragen der ökonomischen Entwicklung behandelt werden, die für den Vergleich sozialistischer mit kapitalistischen Volkswirtschaften von Bedeutung sind. So ergibt sich z. B. ein durchschnittliches jährliches Wachstum des gesellschaftlichen Arbeitsproduktes von 1925 bis 1955 von 3,2% für die USA, von 2,7% für Deutschland und 2,2% für Großbritannien. Doch ist diese jährliche Zuwachsrate rein rechnerisch und berücksichtigt nicht die in den kapitalistischen Ländern durch Krisen verursachten Wachstumsverluste. Für die USA würde sich z. B. bei Ausklammerung der Weltwirtschaftskrise 1929/32 und der Aufhebung des durch sie verursachten Rückgangs eine „durchschnittliche" Zuwachsrate des gesellschaftlichen Arbeitsprodukts für die Jahre 1925 bis 1955 von 4,8% ergeben. In den sozialistischen Ländern, besonders aber in der UdSSR, sind – abgesehen von einem höheren Tempo des Wachstums – weit gleichmäßigere jährliche Zuwachsraten zu verzeichnen. Die starken Abweichungen der tatsächlichen Zuwachsraten vom rechnerischen Durchschnitt in den kapitalistischen Ländern werden von den mit dem ökonomischen Wachstum im Kapitalismus verbundenen verschiedenen und zum Teil krisenhaften Störungen des ökonomischen Gleichgewichts verursacht. Schon allein dadurch, daß die Planung einer sozialistischen Volkswirtschaft ein gleichmäßiges Wachstum ermöglicht, das in den geringen Abweichungen der tatsächlichen Zuwachsraten vom rechnerischen Durchschnitt zum Ausdruck kommt, müßten diese selbst bei nicht viel höherer durchschnittlicher Zuwachsrate den kapitalistischen Volkswirtschaften überlegen sein.

Die Wirklichkeit zeigt aber, daß unter sozialistischen Produktionsverhältnissen neben dem gleichmäßigeren Wachstum der Volkswirtschaft auch die druchschnittliche jährliche Zuwachsrate eine höhere ist. Das zeigt vor allem die Gegenüberstellung wichtiger Kennziffern des ökonomischen Wachstums in dem führenden sozialistischen Land, in der UdSSR, und dem führenden kapitalistischen Land, in den USA.

Betrachtet man die Entwicklung einzelner Industriezweige, so zeigt sich, daß das Entwicklungstempo der meisten Zweige in der UdSSR bedeutend höher ist als in den USA. Das wird natürlich besonders deutlich, wenn man längere Zeiträume betrachtet. So stieg z. B. von 1913 bis 1955 die Stahlerzeugung in den USA auf etwas mehr als das 3fache, in der UdSSR dagegen auf rd. das 11fache; die Produktion von Zement stieg in den USA auf das 3,2fache, in der UdSSR auf das 15fache; dadurch wurde der Abstand zwischen der UdSSR und den USA bei der Produktion dieser Erzeugnisse geringer. 1913 war die Stahlerzeugung in den USA 7,5mal so hoch wie in Rußland, 1955 2,3mal so hoch, die Produktion von Zement war 1913 etwa 10mal so hoch, 1955 nur noch 2,2mal so hoch.

Durchschnittlicher jährlicher Zuwachs[1])

Produkt		*UdSSR* 1950–1955		*USA* 1950–1955	
		absolut	in %	absolut	in %
Kohle	Mill. to	21,3	8,3	– 11,6	– 2,4
Energie	Md. kWh	15,8	13,3	47,2	10,0
Erdöl	Mill. to	6,6	13,3	13,8	4,7
Roheisen	Mill. to	2,8	11,6	2,1	3,2
Rohstahl	Mill. to	3,6	10,7	3,7	3,9
Aluminium	1000 to	75,2	22,9	153,8	16,9
Zement	Mill. to	2,5	17,1	2,2	5,2

[1]) Quelle: Die UdSSR in Zahlen, Berlin 1956; Statistical Abstract of USA, 1955, und Monthly Bulletin of Statistics, 1956, United Nations.

Schon ein erster und noch sehr allgemeiner Vergleich der Zuwachsraten wichtiger, für das ökonomische Wachstum aber entscheidender Gebiete zeigt, daß die UdSSR im Vergleich zur USA allgemein erheblich höhere Zuwachsraten hat. Das aber ist die für das Wachstum beider Wirtschaftssysteme entscheidende Tatsache. Diese höheren Zuwachsraten führen dazu, daß trotz des gegenwärtig noch niedrigeren Niveaus der Produktion in der UdSSR das absolute Wachstum ihrer Produktion das der USA bereits erreicht und überschneidet. Die aus den hohen Zuwachsraten sich ergebende hohe absolute Zunahme der industriellen Produktion in der UdSSR führte dazu, daß sich allein innerhalb des halben Jahrzehnts von 1950 bis 1955 das Verhältnis der Industrieproduktion der UdSSR zu der der USA von etwa 30% auf fast 50% verschoben hat. Der durchschnittliche Jahreszuwachs der Industrieproduktion betrug in den Jahren 1951 bis 1955 in der UdSSR

13,1%, in den USA aber nur 3,9%. Im Jahre 1956 stieg die Industrieproduktion in der UdSSR um 11%, in den westeuropäischen kapitalistischen Ländern um 3,5 bis 4%.

Die hohe Zuwachsrate und das hieraus sich ergebende hohe absolute Wachstum der industriellen Produktion der UdSSR muß dazu führen, daß sich in den nächsten Jahren das Verhältnis der Industrieproduktion der UdSSR zu der der USA immer weiter zugunsten der UdSSR verschiebt, zumal keine Veranlassung vorliegt anzunehmen, daß das Wachstumstempo der Industrie der UdSSR mit zunehmendem Produktionsvolumen sinkt. Solche Auffassungen werden mitunter damit gestützt, daß man das Wachstumstempo im vierten Fünfjahrplan der UdSSR mit dem Wachstumstempo im fünften Fünfjahrplan vergleicht. Doch ist eine solche Argumentation verfehlt, weil das besonders hohe Wachstumstempo im vierten Planjahrfünft in der Wiederherstellung der bereits bestehenden, aber im Kriege zerstörten Kapazitäten begründet war. Wenn man das Wachstumstempo der sowjetischen Industrie vergleicht, muß man natürlich zwischen den verschiedenen historischen Perioden unterscheiden. Ein solcher Vergleich zeigt aber, daß während vieler Jahre das jährliche Wachstumstempo der Industrie zwischen 11% bis 13% schwankt. Das ist ein außerordentlich hohes Wachstumstempo im Vergleich zu den kapitalistischen Ländern, in denen das jährliche Wachstum maximal 3 bis 4% beträgt.

Heute ist, wie ich oben schon sagte, das absolute Wachstum der industriellen Produktion der USA trotz ihres gegenwärtig noch etwas mehr als doppelt so hohen Niveaus teilweise bereits geringer als das der UdSSR. Das ist für die weitere Entwicklung der beiden Wirtschaftssysteme deshalb von so außerordentlich großer Bedeutung, weil der Zeitpunkt, zu dem die UdSSR die USA auch hinsichtlich des Niveaus der industriellen Produktion eingeholt haben wird, vor allem dadurch bestimmt wird, wie hoch die Zuwachsrate der UdSSR über der Zuwachsrate der USA liegt. Nimmt man an, daß die Zuwachsrate der industriellen Produktion der UdSSR auch in den nächsten Jahren unverändert bleibt, wozu man nach den bisherigen Erfahrungen berechtigt ist, so wird die sowjetische Industrie etwa im Jahre 1965 auch das Niveau der industriellen Produktion der USA erreicht haben, das diese bei einer weiteren durchschnittlichen Zuwachsrate von 4% im Jahre 1965 erreicht haben werden.

Nehmen wir an, daß die durchschnittliche jährliche Zuwachsrate der UdSSR in der nächsten Periode nicht um das Dreifache, wie in den vergangenen Jahren, sondern nur um das Doppelte höher ist als die der USA, also nur 8% statt 12% beträgt, so wird die UdSSR die USA etwa im Jahre 1970 eingeholt haben. Zu der Annahme, daß die bisherige jährliche Zuwachsrate der UdSSR nicht aufrecht zu erhalten ist, liegt allerdings wenig Veranlassung vor, während man im Gegensatz dazu berechtigt annehmen kann, daß die jährliche Zuwachsrate der USA nicht aufrecht zu erhalten ist. Dafür sprechen die vorhandenen Anzeichen eines krisenhaften Rückganges der industriellen Produktion der kapitalistischen Welt, der auch bei relativ hoher Zuwachsrate in den USA und in Westdeutschland den langfristigen jährlichen Zuwachs mindern wird.

Perspektiven der industriellen Produktion[1])

Md. Dollars von 1929

Land	1913	1929	1937	1950	1955	1960	1965
UdSSR	4,6	7,9	24,5	42,6	77,6	137,6	242,8
USA	37,6	68,0	69,9	129,8	160,7	195,4	238,5
UdSSR = 100	820	850	284	305	207	142	100

[1]) Berechnet auf Grund von Angaben in „Perspektiven der industriellen Entwicklung in Ost und West", Wochenbericht Nr. 3 vom 18. 1. 57 des Deutschen Instituts für Wirtschaftsforschung, Berlin.

Für die sozialistische Wirtschaft sind ein hohes und gleichmäßiges Tempo der Entwicklung typische Merkmale. In den kapitalistischen Ländern ist das Tempo der Entwicklung langsamer, und der Index der Industrieproduktion verläuft zickzackartig. Das sind keine zufälligen, nur historisch erklärbare, sondern wesentliche Unterschiede im ökonomischen Wachstum. Sie sind nicht in der freien Entscheidung der Menschen, sondern in der unterschiedlichen Gesetzmäßigkeit der ökonomischen Entwicklung beider Wirtschaftssysteme begründet.

Das Grundproblem einer Theorie der ökonomischen Entwicklung sind die Produktionsverhältnisse, ist die Frage nach dem Eigentum an den Produktionsmitteln. Die krisenfreie Entwicklung einer Volkswirtschaft erfordert ihr proportionales Wachstum, und das proportionale Wachstum ist Grundbedingung eines optimalen Trends des wirtschaftlichen Wachstums, der vor allem im Zuwachs des Nationaleinkommens, aber auch in dem hierzu in einem bestimmten Verhältnis stehenden Zuwachs der Bruttoproduktion zum Ausdruck kommt. Die Forderung einer krisenfreien Entwicklung der Volkswirtschaft beinhaltet aber bereits die Forderung einer bestimmten Struktur der Ökonomie, die Forderung, daß die herrschenden Produktionsverhältnisse mit dem Stand der gesellschaftlichen Produktivkräfte im Einklang stehen. Eine krisenfreie Entwicklung der Volkswirtschaft kann sich nur unter sozialistischen Bedingungen, unter den Bedingungen ihrer sozialistischen Planung vollziehen.

Natürlich kann das Problem der Planung der Volkswirtschaft auch unter kapitalistischen Bedingungen aufgeworfen werden – und – wie wir wissen – wird es in der Tat auch getan, aber es kann mit seinen beiden Aspekten des ökonomischen Gleichgewichts und der optimalen Variante der ökonomischen Entwicklung hier nicht gelöst werden. Diese Probleme sind nur unter sozialistischen Bedingungen lösbare Probleme.

Das wird noch deutlicher, wenn wir die Entwicklung der Arbeitsproduktivität betrachten, die für das Tempo des ökonomischen Wachstums der grundlegende Faktor ist. Es zeigt sich nämlich, daß die Entwicklung der Arbeitsproduktivität in der UdSSR nicht nur viel stetiger ist als in den kapitalistischen Ländern, sondern daß auch das Tempo ihrer Entwicklung ungleich höher als unter kapitalistischen Bedingungen ist. Das ist deshalb von Bedeutung, weil die Kennziffer der Arbeitsproduktivität wie keine andere ein zusammenfassender Ausdruck für die Intensität der in einer Produktionsweise wirkenden Triebkräfte ist. Das Tempo der Entwicklung der Arbeitsproduktivität war in der UdSSR in allen Jahren höher, als es jemals unter kapitalistischen Verhältnissen gewesen ist. Gegenwärtig – nach rd. $4^1/_2$ Jahrzehnten – ist die Arbeitsproduktivität in der UdSSR 8mal so hoch wie im Jahre 1913. Seit 1913 ist die Arbeitsproduktivität in den Vereinigten Staaten von Amerika aber nur auf das 2,2fache, in Großbritannien und in Frankreich sogar nur auf das 1,4fache bzw. auf das 1,8fache gestiegen. In der Tat hat die UdSSR hinsichtlich des Tempos der Entwicklung der Arbeitsproduktivität die kapitalistischen Länder schon lange bei weitem überholt.

Das hohe Tempo der Entwicklung der Arbeitsproduktivität in der UdSSR versucht man häufig mit dem niedrigen Niveau der Arbeitsproduktivität im Jahre 1913 in Rußland zu erklären. Das rasche Tempo ihrer Steigerung in der UdSSR sei – so sagt man – nicht erstaunlich, weil das Niveau der Arbeitsproduktivität 1913 so außerordentlich niedrig gewesen sei.

In der Tat war das Niveau der Arbeitsproduktivität im Jahre 1913 in den USA 9mal so hoch wie in Rußland, in Großbritannien 4,9mal, in Deutschland 4,7mal und betrug in Frankreich etwas mehr als das Dreifache. Die Arbeitsproduktivität steigerte sich in der Sowjetunion aber in einem solchen Tempo, daß Großbritannien und Frankreich im Niveau der Arbeitsproduktivität jetzt von ihr überflügelt wurden, obwohl sie vorläufig hinter dem in den USA erreichten Niveau noch zurückbleibt.

Niveau der Arbeitsproduktivität[1])

Rußland bzw. UdSSR = 100

in	*1913*	*1956*
England	500	100–120
USA	900	250

[1]) Berechnet auf Grund von Angaben aus W. ALCHIMEW und J. ROTKOWSKI, Wettbewerb zwischen Sozialismus und Kapitalismus, „Gesellschaftswissenschaftliche Beiträge", Juli 1956, S. 801.

Es ist nicht zu bezweifeln, daß durch die Überlegenheit im Tempo ihrer Entwicklung auch das Niveau der Arbeitsproduktivität in der UdSSR in absehbarer Zeit dem des USA-Kapitalismus überlegen sein wird. Es ist unbestreitbar: Wenn das Tempo der Steigerung der Arbeitsproduktivität ständig überlegen ist, dann muß schließlich – trotz eines Entwicklungsvorsprungs – auch der Punkt kommen, an dem das Niveau der Arbeitsproduktivität höher sein wird. Das gilt aber nicht nur für das Verhältnis UdSSR : USA, das gilt für jedes sozialistische Land und damit für das ganze Lager des Sozialismus und der Demokratie, denn die schnelle Steigerung der Arbeitsproduktivität, die in der Sowjetunion erreicht wurde, ist das Ergebnis der Vorzüge der sozialistischen Produktionsverhältnisse. Die sozialistischen Triebkräfte schließen jene Triebkräfte der ökonomischen Entwicklung ein, die auf der Grundlage einer modernen Technik die hohen Raten des ökonomischen Wachstums gewährleisten, die für sozialistische Länder typisch sind. Die sozialistischen Produktionsverhältnisse ermöglichen aber auch erst die Planung der Volkswirtschaft, so daß die hohe ökonomische Fortschrittsrate sich mit einer stetigen Entwicklung verbindet. Das hohe Tempo der Entwicklung der Arbeitsproduktivität in der UdSSR – aber auch in jedem anderen sozialistischen Land – kann nicht mit dem niedrigen Niveau der Arbeitsproduktivität vor der

Revolution erklärt werden, denn in ihm kommt die Überlegenheit der auf der Planung der Volkswirtschaft beruhenden sozialistischen ökonomischen Entwicklung über den elementaren Ablauf der kapitalistischen Prozesse zum Ausdruck, eine Überlegenheit, die – wie ich schon sagte – darauf beruht, daß die aus den neuen Produktionsverhältnissen sich ergebenden objektiven Möglichkeiten unter der Führung der Partei der Arbeiterklasse durch die organisierende Tätigkeit der Staatsmacht verwirklicht werden. Der KPdSU ist die Verwirklichung der gewaltigen Aufgaben, die durch den Sieg der Oktoberrevolution objektiv möglich, aber auch notwendig wurden, gelungen, weil sie sich in ihrer gesamten Tätigkeit von den Lehren des Marxismus-Leninismus leiten ließ und leiten läßt.

Im Zusammenhang mit dem Argument, daß das hohe Tempo der Entwicklung der Arbeitsproduktivität mit dem niedrigen Ausgangsniveau begründen will, werden oft sogenannte „Phasenvergleiche" zwischen der UdSSR und der USA durchgeführt. Diese „Phasenvergleiche" sollen ermitteln, wieviel Jahre beide Länder benötigten, um vom gleichen Ausgangsniveau das gegenwärtig von der Sowjetunion erreichte Niveau zu erreichen. Ein solcher „Phasenvergleich" kann zweifellos eine wichtige Frage einer Theorie des ökonomischen Wachstums sein, wenn man mit der gebotenen wissenschaftlichen Exaktheit dabei ans Werk geht. Wenn für die UdSSR die „Phase" von 1928 bis 1955 zugrunde gelegt wird, dann ist das Ergebnis eines solchen „Phasenvergleichs" z. B., daß die USA

für	Steinkohle	32	Jahre
„	Erdöl	19	„
„	Elektroenergie	38	„
„	Roheisen	35	„
„	Stahl	27	„
„	Zement	26	„

benötigte, um das Niveau der UdSSR vom Jahre 1955 zu erreichen.

Doch muß man dabei zweierlei berücksichtigen!

Wir können erstens – allerdings sehr global ausgedrückt – sagen, daß die Entwicklung der Technik in den USA auf die britische und die Entwicklung der Technik in den UdSSR auf die westeuropäische und USA-Entwicklung aufbaute. Aber eine solche Feststellung ist eben doch allzu global und berücksichtigt nicht die sehr wesentliche Tatsache, daß die UdSSR heute bereits ein Staatswesen hat, das in allen Bereichen seines Lebens auf wissenschaftlichen Erkenntnissen beruht. Selbst wenn man davon ausgeht, daß in der mittleren Ebene der für die Entwicklung der materiellen Produktion besonders wichtigen naturwissenschaftlichen Erkenntnisse keine bedeutenden Unterschiede zwischen dem führenden sozialistischen und kapitalistischen Staat bestehen, so wird man doch nicht bestreiten können, daß sowohl im Zeitmaß der Entwicklung dieser Erkenntnisse als auch in ihrem Einsatz in der materiellen Produktion und vor allem in Ausbildung und Einsatz hochqualifizierter Kader die Sowjetunion weitaus überlegen ist. Hinzukommt, daß der USA-Kapitalismus von Europa und insbesondere von Großbritannien finanziert wurde, während die inmitten einer feindlichen Umwelt lebende Sowjetunion sich aus eigener Kraft entwickeln mußte. Dazukommt noch, daß die Periode von 1928 bis 1955 die Jahre des zweiten Weltkrieges mit umfaßt, die für die Volkswirtschaft der UdSSR so große Zerstörungen brachte, daß in den Nachkriegsjahren erst das alte Niveau wieder erreicht werden mußte, bevor weiter aufgebaut werden konnte. Ohne Zweifel wäre in den 27 Jahren von 1928 bis 1955 ohne den zweiten Weltkrieg von der UdSSR noch weit mehr erreicht worden, als unter den gegebenen Bedingungen tatsächlich erreicht worden ist. Der zweite Weltkrieg brachte für die UdSSR eine Unterbrechung von ca. 10 Jahren im sozialistischen Aufbau, so daß die Periode von 1927 bis 1955 nur mit 17 Jahren gerechnet werden kann. Das ist ein klarer Beweis für die Überlegenheit der sozialistischen Produktionsverhältnisse, die im Gegensatz zu den kapitalistischen Produktionsverhältnissen ein schnelleres und auch gleichmäßigeres Tempo der Entwicklung ermöglichen. Das ist ein Beweis dafür, daß es nicht zeitweilig wirkende, zufällige Faktoren waren, die zu dem überlegenen sozialistischen Tempo der Entwicklung führten, sondern system-immanente, notwendige Faktoren.

Trotz weiterer Vorbehalte – verschiedener Ablauf der politischen Geschichte, revolutionäre Änderungen in der Technik, Erobern ganz neuer Produkte für den Konsum u. ä. – können wir zwei Schlußfolgerungen aus dem sogenannten „Phasenvergleich" zwischen der UdSSR und den USA ziehen:

1. Obwohl die Entwicklung der Produktionstechnik in der UdSSR in zeitlichem Abstand hinter den USA folgte, war die Zeit bis zur Erreichung eines gleichen Niveaus in der UdSSR beträchtlich kürzer als in den USA.

2. Der Trend der Entwicklung in der UdSSR war daher beträchtlich steiler als der Trend in den USA, so daß die UdSSR bei un-

verändertem Trend die USA in absehbarer Zeit im industriellen Niveau einholen und überholen muß.

Das kommt auch in der Entwicklung der Indizes der gesamten industriellen Produktion der UdSSR und der USA klar zum Ausdruck. Sie zeigen, daß die Zunahme der industriellen Produktion in der UdSSR in den Jahren, in denen nicht außergewöhnliche produktionssteigernde Faktoren wirksam waren, wie die Jahre 1928 bis 1931 oder 1946 bis 1951, die industrielle Zuwachsrate zwischen 11% bis 13% schwankte. Infolge der ständigen Aufwärtsentwicklung, die nicht durch krisenhafte Rückschläge, wie in den USA, unterbrochen wurde, nimmt die industrielle Produktion in der UdSSR rd. alle 10 Jahre um das 2,5fache zu.

Die planmäßige Entwicklung der industriellen Produktion in der UdSSR kommt u. a. darin zum Ausdruck, daß der Schwankungskoeffizient des Produktionsindex – die mittlere Abweichung der Zuwachsraten von ihrem Durchschnitt in Prozenten dieses Durchschnitts – rd. 29% beträgt gegen rd. 55% in den USA.

Wenn man das Wachstumstempo der Produktion sozialistischer und kapitalistischer Länder vergleicht, so muß man also die beiden Merkmale der ökonomischen Entwicklung sozialistischer Länder, das hohe Tempo der Entwicklung und die Gleichmäßigkeit des Wachstums berücksichtigen. Selbst wenn mit wachsendem Niveau der Produktion in den sozialistischen Ländern die Zuwachsraten absinkende Tendenz erhalten sollten, so spricht doch bereits die bisherige Erfahrung dafür, daß auch dann das Tempo der ökonomischen Entwicklung unter sozialistischen Bedingungen immer noch höher sein wird als unter kapitalistischen.

Wenn die Völker der Sowjetunion als erste in der Geschichte der Menschheit eine sozialistische Wirtschaft aufbauten, so darf man dabei natürlich nie die Umstände vergessen, unter denen die Werktätigen der Sowjetunion ihre Arbeit zum Aufbau des Sozialismus verrichten mußten. Die Sowjetunion war durch den ersten Weltkrieg verarmt, und der der jungen Sowjetrepublik aufgezwungene Kampf gegen die Interventen untergrub ihre wirtschaftlichen Kräfte weiter. Wenn man von dem „Erbe“ spricht, das der Sowjetunion vom zaristischen Rußland hinterlassen wurde, dann denkt man in der Regel nur an jenen niedrigen Stand der ökonomischen Entwicklung, den Rußland im Jahre 1913, am Vorabend des ersten Weltkrieges, erreicht hatte. In Wirklichkeit jedoch bekam die UdSSR nicht einmal dies, weil es den Imperialisten gelang, der Volkswirtschaft der UdSSR solchen Schaden zuzufügen, daß ihre schon ohnehin rückständige Wirtschaft noch weiter zurückgeworfen wurde. Im Jahre 1920 produzierte die Schwerindustrie der Sowjetunion nur $^1/_7$ der Produktion des Jahres 1913, an Roheisen wurde nur 2,7% des Vorkriegsstandes verhüttet, die Zementproduktion erreichte 2,4%, die Produktion von Seife 7,1% und von Baumwollstoffen 4%. Die Stahlproduktion fiel damals auf 200000 t im Jahr. Jetzt produziert die Sowjetunion eine solche Stahlmenge in weniger als 2 Tagen.

Dazu kam der zweite Weltkrieg, der der sowjetischen Volkswirtschaft wiederum schweren Schaden zufügte.

„Jeder, selbst der größte bürgerliche Staat wäre weit zurückgeworfen worden und unvermeidlich unter das Joch anderer imperialistischer Staaten geraten, hätte er so große Verluste erlitten wie die Sowjetgesellschaft. Die Politiker und Ideologen des Imperialismus in den USA und den Ländern Westeuropas hofften, daß es auch der Sowjetunion so ergehen würde. Aber diese Rechnung ging nicht auf", heißt es mit Recht in den Thesen der KPdSU zum 40. Jahrestag der Revolution.

„Trotz aller Machenschaften der imperialistischen Reaktion und ihrer Versuche, unseren sozialistischen Staat in seiner wirtschaftlichen Entwicklung zurückzuwerfen, untermauerten die Werktätigen der UdSSR den Sieg der neuen Gesellschaftsordnung, gewährleisteten ihre weitere Festigung und Entwicklung und schufen die Voraussetzungen für ein erfolgreiches Voranschreiten zum Kommunismus."

Natürlich ist Gesamtproduktion noch nicht Pro-Kopf-Produktion, und industrielles Niveau ist noch nicht gleich gesellschaftliches Niveau. Aber es leuchtet ein, daß die Erhöhung der Gesamtproduktion der Industrie der UdSSR und die Überholung des industriellen Niveaus der USA die Grundlage auch dafür bietet, daß die UdSSR die USA in der Pro-Kopf-Produktion einholt und überholt.

Die Industrieproduktion pro Kopf der Bevölkerung nimmt trotz des höheren Bevölkerungszuwachses in der UdSSR schneller zu als in den USA, weil die Gesamtproduktion schneller wächst.

Entwicklung der Industrieproduktion pro Kopf der Bevölkerung

im Jahre	UdSSR	USA
1928	100	100
1955	1600	175

Der Abstand zwischen den USA und der UdSSR in der Produktion pro Kopf der Bevölkerung hat sich in den 27 Jahren von 1928 bis 1955 beträchtlich verringert, und zwar

bei	von	auf
Steinkohle	13fach	$1^1/_2$fach
Erdöl	17 ,,	$4^1/_2$,,
Elektroenergie	27 ,,	$3^1/_2$,,
Roheisen	15 ,,	$2^1/_2$,,
Stahl	18 ,,	$2^1/_2$,,
Zement	20 ,,	$1^1/_2$,,

Es ist leicht zu begreifen, daß die „Lücke" zwischen der UdSSR und den USA in der Industrieproduktion pro Kopf der Bevölkerung ohne den zweiten Weltkrieg heute bereits bedeutend geringer wäre. Der zweite Weltkrieg unterbrach für etwa 10 Jahre die Lösung der ökonomischen Hauptaufgabe der UdSSR, in kürzester Zeit den höchsten Stand der kapitalistischen Länder in der Erzeugung pro Kopf der Bevölkerung einzuholen und zu überholen. Zugleich hatte der Krieg aber eine Zunahme der Industrieproduktion der USA zur Folge, die vom Schauplatz der Kampfhandlungen weit entfernt waren und an den Rüstungslieferungen verdienten. Doch erhöhte sich trotz allem in der Zeit von 1913 bis 1955 die Erzeugung von Industrieprodukten in der UdSSR insgesamt pro Kopf der Bevölkerung auf das 21fache. Die Erzeugung von Bedarfsartikeln pro Kopf der Bevölkerung erhöhte sich in der UdSSR während dieser Zeit auf das 8,2fache, während sie in den USA nur auf das 1,5fache stieg.

Auch in der Landwirtschaft ist die UdSSR bereits dabei, den ökonomischen Vorsprung, den die USA heute noch besitzt, einzuholen. Das ist eine wichtige Voraussetzung, um auch hinsichtlich des gesellschaftlichen Niveaus der Produktion das gleiche wie in den USA zu erreichen. Zur gleichen Zeit, in der die Leitung der Wirtschaft der UdSSR in eine Form gebracht wird, die dem erreichten Entwicklungsstand entspricht, hielt N. S. Chruschtschow eine bedeutungsvolle Rede vor Landwirtschaftsfunktionären. Er legte dar, daß jetzt auch in der Landwirtschaft die Möglichkeit besteht, direkt auf das Überholen der amerikanischen Pro-Kopf-Produktion zuzusteuern.

So bereitete sich die UdSSR auf der ganzen Linie vor, nicht nur das Land mit dem absolut höchsten Produktionsniveau, sondern auch mit der höchsten Pro-Kopf-Produktion zu werden. Damit aber wird die UdSSR auch den höchsten Lebensstandard erreichen. So werden die nächsten 10 bis 20 Jahre die Entscheidung des ökonomischen Wettbewerbs zwischen Kapitalismus und Sozialismus bringen. CHRUSCHTSCHOW wandte sich in seiner zitierten Rede gegen das Hinauszögern der Aufgabe, die USA in wichtigen landwirtschaftlichen Produkten in der Pro-Kopf-Produktion zu überholen. „Was bedeutet es", so fragte er, „die Lösung einer so lebenswichtigen Aufgabe hinauszuzögern?", um darauf gleich selbst zu antworten: „Das bedeutet, den Ideologen der kapitalistischen Welt die Möglichkeit zu geben, noch längere Zeit ihr gegen die sozialistische Ordnung, gegen die Kolchosordnung und gegen die sozialistischen Länder gerichtetes Geschwätz fortzusetzen: die Bolschewiki schmähten den Kapitalismus, während doch in einigen kapitalistischen Ländern je Kopf der Bevölkerung mehr produziert werde als in den sozialistischen Ländern."

Immer mehr Menschen beginnen zu verstehen, daß nur der Sozialismus der Menschheit einen Ausweg aus den Widersprüchen zeigt, in die sie der Kapitalismus verstrickt hat. Die Erfolge der Sowjetunion, die in historisch kurzer Frist aus einem rückständigen Agrarland zu einer industriellen Weltmacht geworden ist, sind gegenwärtig der wichtigste Faktor eines weltweiten Überzeugungsprozesses.

Ich habe einleitend bereits darauf aufmerksam gemacht, wie die verschiedenen „Theorien" bürgerlicher Ökonomen über die Unmöglichkeit des Sozialismus überhaupt oder über die Unmöglichkeit, in einer sozialistischen Wirtschaft eine exakte Wirtschaftsrechnung zu verwirklichen, vom Leben selbst widerlegt worden sind. Es ist kein Wunder, daß jetzt ein großer Katzenjammer im Lager der bürgerlichen Koryphäen des Kampfes gegen den Soazialismus herrscht. Was bleibt ihnen, die von der Wirklichkeit widerlegt worden sind, anderes übrig, als zu behaupten, diese Wirklichkeit selbst existiert nicht? Um nicht zugeben zu müssen, daß der Sozialismus in der Welt fortschreitet und daß der Kapitalismus sich überall durch die siegreichen Ideen der Großen Sozialistischen Oktoberrevolution in die Defensive gedrängt sieht, leugnen die bürgerlichen Theoretiker des Kampfes gegen den Sozialismus den Fortschritt überhaupt. Denn, so schließen sie haarscharf, wenn es überhaupt keinen gesellschaftlichen Fortschritt gibt, dann kann natürlich auch der Sozialismus kein Fortschritt sein. Der im August 1956 in Amsterdam durchgeführte Soziologenkongreß, der eigens der Frage der sozialen Umwandlungen im 20. Jahrhundert galt, vermied es daher, von Fortschritt zu sprechen. Der westdeutsche Soziologe Leopold von Wiese forderte auf, jeden Versuch aufzugeben, eine „allgemeine Entwicklungslinie" zu finden; statt dessen solle man sich lieber mit der Untersuchung verschiedener „partieller Veränderungen" begnügen. Kennzeichnend ist in dieser Hinsicht auch ein Geständnis, das in dem 1953 in den USA herausgegebenen Gemeinschaftswerk „Die moderne Gesellschaftswissenschaft" enthalten ist.[1] Es heißt dort:

> „Viele Soziologen sind der Auffassung, daß wir keine Methode besitzen, die den Fortschritt ermessen oder einen Unterschied zwischen Fortschritt und Niedergang feststellen ließe. Manche nehmen an, daß der Fortschritt relativ sei, daß er gänzlich von dem Ziel abhängt, das man sich setzt, absolute Ziele aber seien nicht feststellbar. Andere schrecken vor der großen Kompliziertheit des Problems zurück und ziehen es vor, verschiedene Einzelaspekte der sozialen Handlungen zu untersuchen, mindestens solange sich uns nicht eine verläßlichere soziale Perspektive eröffnet. Mitunter gilt sogar der Ausdruck Fortschritt selbst als anstößig, so bei denen, die der Meinung sind, die Wissenschaft müsse sich auf die Beschreibung von Fakten beschränken und sich aller Werturteile enthalten . . . Es gibt auch Soziologen, die in ihrer Enttäuschung über die modernen sozialen Erscheinungen meinen, die Gesellschaft sei in einem allgemeinen Niedergang begriffen, weshalb die Diskussionen über das Fortschrittsproblem überhaupt aus dem Wege gehen."

Ich denke, daß wir leicht verstehen können, warum der Fortschritt der menschlichen Gesellschaft, der im Sozialismus zum Ausdruck kommt, für den Kapitalismus und seine Ideologen kein Fortschritt ist, daß sie lieber auf jeden Fortschritt verzichten als den Fortschritt als Sozialismus in Kauf zu nehmen, der naturgemäß mit einem Überholen des Kapitalismus identisch ist. Die „allgemeine Entwicklungslinie", um mit Leopold von Wiese zu sprechen, ist der Aufstieg des Sozialismus und der Abstieg des Kapitalismus. Das zeigen auch unsere Überlegungen über das ökonomische Wachstum.

Die Entwicklung der gesellschaftlichen Produktivkräfte und damit die Erweiterung der Macht der Menschen über die Natur ist unter allen gesellschaftlichen Bedingungen das grundlegende Kriterium des gesellschaftlichen Fortschritts, auch wenn die bürger-

---

[1]) Zitiert in „Neue Zeit", 1957, Nr. 38, S. 8.

lichen Ideologen das nicht wahrhaben wollen. Mit der Entwicklung der gesellschaftlichen Produktivkräfte verändert sich aber die Art und Weise der Verteilung und damit auch der Befriedigung der Bedürfnisse der Menschen. Die Werktätigen wollen den Sozialismus nicht nur, um von der menschenunwürdigen kapitalistischen Ausbeutung frei zu werden, sie verbinden mit ihm auch den berechtigten Wunsch nach einer schnellen Hebung ihres materiellen und kulturellen Wohlstandes. Der Aufbau des Sozialismus wurde in dieser Hinsicht in der Vergangenheit oft dadurch erschwert, daß er aus historischen Gründen in wirtschaftlich schwach entwickelten oder zurückgeworfenen Ländern beginnen mußte und daß das schnelle Entwicklungstempo der gesellschaftlichen Produktivkräfte durch die ständig drohenden Angriffe und Überfälle der Imperialisten auf die sozialistischen Länder beeinflußt wurde.

Die Verwandlung der Arbeit aus einer Profitquelle in die Quelle gemeinsamen sozialistischen Reichtums erschloß jedoch ökonomische Möglichkeiten, die eine Ausbeutergesellschaft nicht hat und auch nicht haben kann. Die Arbeit für die Befriedigung der eigenen materiellen und kulturellen Bedürfnisse der Werktätigen führte zu einem solchen ökonomischen Entwicklungstempo, wie es die Geschichte bisher nicht kannte. Darauf beruhen trotz der Tatsache, daß bisher fast ausschließlich technisch weniger entwickelte und zurückgeworfene Länder zum Sozialismus übergegangen sind, die Möglichkeiten, die entwickelten kapitalistischen Hauptmächte auch in der entscheidenden ökonomischen Kennziffer, in der Produktion je Kopf, zu überholen.

Die in den letzten Jahren in der Sowjetunion getroffenen Maßnahmen für die weitere Entwicklung aller Zweige der Industrie und vor allem auch der Landwirtschaft werden zur Aufrechterhaltung des Tempos der ökonomischen Entwicklung in der UdSSR selbst und zur Beschleunigung des ökonomischen Wachstums des ganzen sozialistischen Lagers führen.

Der ökonomische Wettbewerb zwischen den beiden antagonistischen Wirtschaftssystemen in der Welt ist der Inhalt einer ganzen historischen Epoche, in der wir bereits leben.

Die Sowjetunion vollendet das 40. Jahr ihres Bestehens. Sie ist in dieser Zeit, trotz der Kriege, die das Land verwüsteten, zu einer großen wirtschaftlichen Macht geworden. Die in der Sowjetunion errichtete Produktionsbasis wird es möglich machen, im Verlauf der nächsten 10 bis 20 Jahre der Bevölkerung auch den höchsten Lebensstandard der Welt zu sichern. Das aber wird dazu beitragen, daß die sozialistische Demokratie in der Sowjetunion einen neuen großen Aufschwung erreichen wird, daß sie auch in den anderen sozialistischen Ländern weiter gestärkt werden wird, weil die Klassenkräfte der Bourgeoisie dann nicht mehr in der Lage sein werden, den Sozialismus in der Welt ernsthaft zu bedrohen.

Wir sind stolz darauf, daß wir in der Deutschen Demokratischen Republik am Werk des sozialistischen Aufbaus teilnehmen, daß wir teilnehmen am Aufbau dieser Welt, die von Ausbeutung und Krieg befreit sein wird, in der alle materiellen und geistigen Kräfte dem Leben dienen. Wir können den Werktätigen der Sowjetunion unseren Dank für ihren opferreichen Kampf für diese neue Welt am besten dadurch abstatten, daß wir uns bemühen, so zu arbeiten, daß wir zum 50. Jahrestag des Roten Oktober sagen können: Auch wir in Deutschland bauten den Sozialismus auf.

Kolibri 360 GmbH
Ferdinand-Jühlke-Straße 7
99095 Erfurt, Deutschland
produktsicherheit@kolibri360.de